どこでも誰でもできる

地域づくりハンドブック

介護保険における
生活支援体制整備事業のすすめ方

柳 史生・志水 田鶴子・大坂 純=編著

中央法規

はじめに

　本書は、生活支援体制整備事業にかかわる市町村職員、生活支援コーディネーター、協議体の参加者等の方に向けて、この事業をどのように取り組んだらよいか、その具体的な取り組み・進め方のパッケージを提案するものです。

　この事業は、高齢者の希望に応じて自宅での生活を継続できるよう、医療、介護、住まいとともに、生活支援や介護予防を一体的に支援していく地域包括ケアシステムを構築するために設けられた事業です。
　この地域包括ケアシステムの構築のためには、医療や介護、住まいといった専門職や事業者が提供するサービスだけではなく、生活支援や介護予防といった活動・サービスが地域で日常的に行われるような地域づくりが必要になります。
　このため、2014（平成26）年の介護保険制度の改正で、地域支援事業として生活支援体制整備事業が新たに設けられ、2018（平成30）年度からはすべての市町村で実施することが求められています。
　しかしながら、この事業について、どう取り組むべきなのか悩んでいる市町村が多く、生活支援や介護予防の充実につながっていない状況も見受けられます。

　このため、本書では、各地での取り組み等を参考にしながら、生活支援体制整備事業に「どこでも誰でも取り組める」ように、事業の検討から取り組みの具体例、さらに報告書の作成や評価まで、具体的な事業の進め方の例を示しています。
　生活支援の充実は、地域において行われることから、各地域の実情に応じて行われるべきものです。しかしながら、本書で示しているものは、どの地域でも取り組むことが可能で、かつ、生活支援の充実に有効なものと考えています。

　一方で、各市町村ではこれまで地域の実情に応じて事業を行ってきたと思います。本書は、独自の取り組みを否定するものではなく、これまでの取り組みは継続しながら、本書で提示する取り組み例を加えて進めていただければ幸いです。

本書の使い方

　本書は、生活支援体制整備事業を進めるにあたって、市町村や生活支援コーディネーター、協議体の参加者が、どのように取り組んだらよいか、その具体的な取り組みや進め方の例をパッケージとして示したものです。

　まず、第1章から第3章までは、本書の意義である「どこでも誰でもできる地域づくり」に関する説明や地域づくりの基本、展開の留意点といった総論を記載しています。

　事業の具体的な取り組み例や進め方については、第4章に記載しています。この具体的な項目は、右記の11の項目からなります。

・事業の準備に関すること
　「❶生活支援体制整備事業の検討」「❷生活支援コーディネーターの委託と関係構築」
・実際の事業の内容に関すること
　「❸地域資源（お宝）の発見と発掘」〜「❾地域資源（お宝）への継続支援と、多種多様な地域資源（お宝）の開発」
・事業年度終了後に行われること
　「❿報告書の作成・評価と事業の見直し」「⓫次年度（以降）の計画立案と工程表の作成」

　第4章では、これらの項目について、それぞれなぜその取り組みを行うべきなのかという趣旨を示したうえで、具体的な取り組み例を記載しています。

　各市町村では、この取り組み例をみながら、わがまちで、どのような取り組みを行うことが必要なのか、ぜひ皆さまで話し合いをしていただければと思います。

　さらに、各項目について、市町村、協議体、生活支援コーディネーターの役割がそれぞれあります。それらも含めて、一覧にしたものを62ページに入れていますので、そちらも参照ください。

　生活支援体制整備事業は、2015（平成27）年度にはじまり、現在各地で試行錯誤が繰り返されています。本書を見て、取り組んでいただいた結果は、ぜひ教えていただき、皆さまと一緒によりよい事業にしていけるようバージョンアップしていきたいと思いますので、よろしくお願いいたします。

第4章に掲載している事業の展開例

	展開の方法	展開の目的	ページ数
1	生活支援体制整備事業の検討	・事業の特性を踏まえ、暫定的に事業内容を定める	16
2	生活支援コーディネーターの委託と関係構築	・市町村と委託先における事業の理解と相互理解を深める	18
3	地域資源（お宝）の発見と発掘	・住民の暮らしを知る ・地域資源（お宝）を見つけ出す	20
4	地域資源（お宝）の意味づけ	・暮らしの中にある地域資源（お宝）のもつ意味を理解する ・見つけた地域資源（お宝）の意味づけをする（意識づけ）	24
5	協議体の開催準備と地域資源（お宝）の理解の共有	・協議の場の設置に向けた準備 ・協議体参加者全員が地域資源（お宝）の意味を理解する ・地域ニーズの把握や共有、地域情報の見える化	28
6	情報発信と広報活動	・住民や関係機関等と、事業の趣旨を共有	34
7	多種多様な普及啓発の推進	・発表会等を行い、活動やその意義を住民に周知（活動の見える化・見せる化）	37
8	地域づくりの活発化	・幅広い地域の関係者とのネットワークづくり	41
9	地域資源（お宝）への継続支援と、多種多様な地域資源（お宝）の開発	・地域資源（お宝）が継続できるよう必要に応じて支援する ・住民が自主的に地域課題に取り組めるよう支援する	44
10	報告書の作成・評価と事業の見直し	・各種報告書の作成と評価 ・地域の現状把握 ・次年度以降の方策の検討	48
11	次年度（以降）の計画立案と工程表の作成	・次年度（以降）の計画の立案と工程表の作成	50

目次

第1章 どこでも誰でもできる地域づくりとは何か

1. 必要性（背景） …… 2
2. 地域の現状 …… 3
3. どこでも誰でもできる地域づくりをするために …… 5

第2章 地域づくりの基本

1. できないもの探しからできているもの探しへ180°の発想の転換 …… 7
2. 暮らしの楽しさや安心して暮らせるつながりを大切にする …… 8
3. 意識化と意味づけを行う …… 9

第3章 生活支援体制整備事業地域展開の留意点

1. 事業を包括的に展開する …… 11
2. 住民主体で行う地域づくりにおける生活支援コーディネーターと協議体、市町村との関係 …… 12
3. 地域から学び地域の現状に合わせた展開を行うこと …… 14

第4章 展開過程の基本

1. 生活支援体制整備事業の検討 …… 16
2. 生活支援コーディネーターの委託と関係構築 …… 18
3. 地域資源（お宝）の発見と発掘 …… 20
4. 地域資源（お宝）の意味づけ …… 24
5. 協議体の開催準備と地域資源（お宝）の理解の共有 …… 28
6. 情報発信と広報活動 …… 34
7. 多種多様な普及啓発の推進 …… 37
8. 地域づくりの活発化 …… 41
9. 地域資源（お宝）への継続支援と、多種多様な地域資源（お宝）の開発 …… 44
10. 報告書の作成・評価と事業の見直し …… 48
11. 次年度（以降）の計画立案と工程表の作成 …… 50

第5章 まとめ

生活支援体制整備事業を展開するうえで忘れてはいけないこと …… 56
地域の課題を解く鍵は地域の中に必ずある …… 56
これまでの暮らしの積み重ねがこれからの暮らしの根源 …… 57

資料 …… 59

第1章
どこでも誰でもできる地域づくりとは何か

1 必要性（背景）

　高齢者が住み慣れた地域の自宅で暮らし続けたいという希望を可能にするしくみが地域包括ケアシステムです。地域包括ケアシステムとは、高齢者がいつまでも地域に住み続けられるよう、専門職等のかかわるケア（医療分野のケア・福祉分野のケア）と住民の支え合いが手を結ぶことであるといえます。
　2000（平成12）年の介護保険制度導入後、介護サービスの充実や地域包括支

援センターの設置など、行政や保健医療福祉分野の機関や専門職が積極的に地域包括ケアシステムの構築に向けて取り組んできました。

しかしながら、地域包括ケアシステムのもう一方の担い手である住民の支え合いは、十分であるとはいえない地域も存在しています。地域の支え合いを維持・促進するための取り組みでは、これまでも一般介護予防事業や社会福祉協議会の小地域活動などさまざま行われてきました。さらに、2015（平成27）年の介護保険制度の改正では、地域支援事業に介護予防・日常生活支援総合事業と生活支援体制整備事業（以下、事業）が新設され、住民の支え合いを中心とした地域づくりがしやすい環境が整えられました。生活支援体制整備事業は、2018（平成30）年度にはすべての市町村で展開することが求められています。

この時期を好機としてとらえ、高齢者が地域で元気に生活を継続できるように、積極的に地域づくりをするための取り組みが必要です。その際、従来からある地域の支え合いの取り組みを上手に活かしながら、生活支援体制整備事業を展開するための具体的で容易にできる方法論が必要とされています。

2 地域の現状

多くの地域では、少子高齢化、人口減少、過疎化、社会的孤立等といったさまざまな課題が住民の暮らしに影響をもたらしています。このような状況にあっても住民の多数は、地域で暮らし続けることを望んでいます。しかし、疾病や傷害、高齢等のさまざまな個別の課題や、これ以上周りの人に迷惑をかけられないという理由で、本当は地域で暮らし続けたいと思っても、諦めざるを得ないという状況があります。

このような高齢者の地域での生活を支えるためには、地域の支え合いが必要ですが、地域の現状を踏まえると、一から新しい地域の支え合い活動を立ち上げることは敷居が高い印象があり、現実的にも難しい地域もあります。また、立ち上げた地域の支え合い活動を継続するための後継者不足も大きな課題となっています。

しかし、人が住んでいるところには暮らしがあり、その暮らしには、自然な支

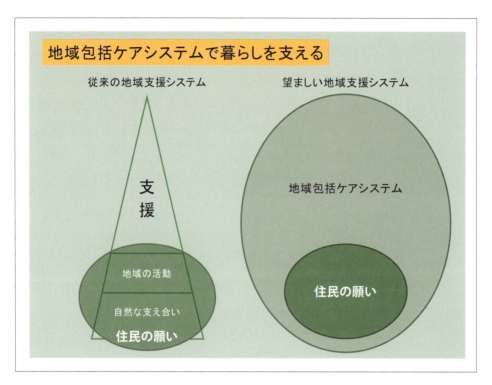

え合いが存在します。日々のあいさつやお茶飲み、ごみ出しのときや犬の散歩のときの立ち話、おすそ分け等たくさんの支え合いの芽が埋もれています。このような日常の何気ない地域でのかかわりは支え合いの芽としてとらえることができます。住民の暮らしに潜んでいる何気ないかかわりには、多くの場合、楽しさがあります。この住民の暮らしの中にある楽しみや支え合いを、継続できる大きな要素として位置づけることが重要です。

　住民等が「支え合い活動を意識化し、活動のもつ機能の意義を理解できるようはたらきかけること」を、ここでは「意味づけ」と表現します。

　地域づくりにかかわるさまざまな立場の人（生活支援コーディネーターや市町村職員、保健師や社会福祉士などの専門職）が、住民の立場でこのような暮らしに溶け込んでいる自然な支え合いを見つけ出し、住民と一緒に意味づけして意識化してもらうことが地域づくりの第一歩になります。

3 どこでも誰でもできる地域づくりをするために

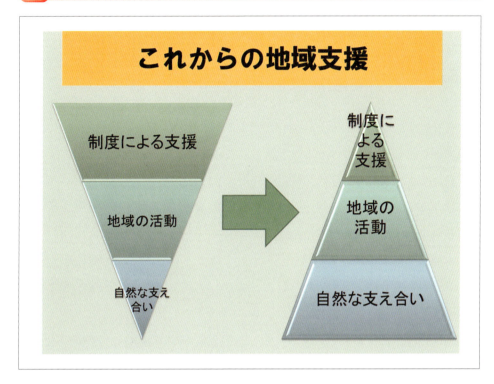

　これまでは、行政や専門職が中心となり、個別支援（課題のある人への支援）を実践しやすくするために、どのような制度による支援・サービスを充実・整備していくかという視点が地域づくりの中心でした。しかし、地域包括ケアシステムの構築に向けた地域づくりでは、これらに加えて、住民が地域で意識せず行ってきた支え合いなどの地域資源をそれぞれの暮らしの中にある宝物と考え、宝物である支え合いを意識化し育んで、住民主体の課題解決に活かすことが求められます。この住民主体の課題解決活動を促進するためには、地域づくりを行う展開過程が重要になります。

　これまで、住民主体の地域づくりには、人口減少や高齢化、無関心等の大きな壁があると思われてきました。しかし、前述したように人が住む地域には暮らしがあり、暮らし続けるための何気ないつながりや意識されない支え合いがあります。何気ないつながりや意識されていない支え合いを、地域資源（お宝）として

とらえます。地域資源（お宝）を探すことからはじめることが、この地域づくりでは重要になります。

　介護保険事業では、PDCA サイクルによる事業展開が求められています。生活支援体制整備事業では、導入期においては、あくまでも事業計画は暫定的なものとして、地域に入り今ある地域資源（お宝）探しに取り組むことからはじめ（PDCA サイクルの D からはじめる）、次期からは PDCA サイクルが成立するようになります。

　最初から詳細な計画をつくることは、地域の実情との乖離を生むばかりか、地域で続いてきた支え合い活動を衰退させることにもつながりかねません。地域で受け継がれてきた文化や伝統、そして暮らし続けるための技を活かすことが生活支援体制整備事業の成功の鍵になります。

　この事業の導入期は、まず第 1 段階として意識されていない地域資源（お宝）探しを行い、第 2 段階でこの地域資源（お宝）の意味づけと広報活動、第 3 段階で普及啓発活動という順で進めていきます。

　生活支援体制整備事業を地域で事業として展開するためには、このような展開過程を事業の主幹課と事業の実施主体の協議のうえ、初期計画（暫定計画）および暫定工程表を作成し、実施することが重要です。また、事業の主幹課と事業の実施主体（受託者）は、定期的な協議の場をもち、進行管理と事業の評価を行い、必要に応じて計画の変更をしながら地域の実情に合った計画へと精度を高めていきます。

　計画と工程表の作成は、事業の継続性を担保し、事業の主幹課や事業受託者の担当者の異動があっても地域づくりを積み重ねていくためには必要なものです。また、計画と工程表の作成は、議会や住民への説明、行政や事業の実施主体内での進捗状況の共有など、地域づくりを促進するための重要なツールとしても位置づけることができます。

第2章 地域づくりの基本

 できないもの探しからできているもの探しへ 180°の発想の転換

> ### できないもの探しから できているもの探しへ 180°の発想の転換
>
> - 住民が暮らし続けているところには、積み重ねてきた暮らしの技があり、地域の文化と伝統が育まれています。そして、住民同志つながりがあり、自然な支え合いがあります。
>
> - 地域に根ざした課題解決システムを見つけ出して育むことが地域づくりにつながります。

　地域を訪問すると、「高齢化や人口減少、担い手不足やリーダー不在など、さまざまな理由によって支え合い活動の立ち上げや継続が困難である」という地域が少なからずあります。そのような地域であっても住民が暮らし続けているところには、積み重ねてきた暮らしの知恵や工夫があり、地域の文化と伝統が育まれ

ています。そして、住民同士のつながりがあり、自然な支え合いがあります。

　課題が山積していると思われる地域ほど、暮らし続けるためには多くの知恵と工夫が必要であり、意識されていなくてもそれが機能している地域資源（お宝）が数多く存在しています。このような外からは見えにくく意識されていない支え合いは、地域に根ざした課題解決システムとしてとらえることができます。この地域に根ざした課題解決システムを見つけ出して育むことが地域づくりにつながります。

　これまで保健医療福祉分野における支援では、課題を抽出してその課題に対する支援を行ってきました。

　しかしながら生活支援体制整備事業では、地域に根ざした課題解決システムを見つけ出すことが地域づくりにつながります。

　「できていないもの探し」から「できているもの探し」への発想の転換が求められています。

2 暮らしの楽しさや安心して暮らせるつながりを大切にする

　住み慣れた場所で自分らしく暮らし続けたいという住民の願いは、日々の暮らしの中から生まれてきます。地域で暮らしている人々は、日々の暮らしの中で何気ないかかわりや意識しない自然な支え合いを幾重にも重ねています。このような暮らしには、普段は意識されない楽しみや安心して暮らせる地域のつながりがあります。地域につながっているという思いや周囲の人々とのかかわりが、暮らし続ける大きな力になっていることがあります。生活支援コーディネーターは地域に入り、このような住民の暮らしを教えてもらうことによって、住民の暮らしの中に隠れている支え合いの芽や地域資源（お宝）を発見することが大切です。

　他者を気にかけたり他者から気にかけられたりすることによって、安心して住み続けることができている地域であっても、他者とのつながりが薄い住民も存在しています。また、日々の暮らしの中で生活のしづらさを抱えている住民も少な

からず存在しています。これまでは、要介護状態や生活困窮など、支援が必要な状態になることをきっかけに支援が行われてきました。生活支援体制整備事業では、支援が必要な者への個別支援ではなく、意識されない支え合いや隠れた社会資源を見つけ出し、地域の課題解決へ向けたきっかけをつくることが大切です。

地域で自分らしく暮らし続けるという希望を実現する力は、地域のさまざまなつながりが推進力になります。地域のさまざまなつながりを活かしながら、ニーズと自然な支え合い、隠れた社会資源を結びつけることが必要です。また、必要に応じて新たな社会資源を住民とともにつくっていくことが、生活支援コーディネーターに求められます。

3 意識化と意味づけを行う

住民の中には、地域課題の解決は行政やさまざまな機関が中心となって解決することで事足りると考えている人が少なくありません。また、住民にとってみると行政や専門職からは、地域づくりを押しつけられていると感じることは少なからずあります。

生活支援体制整備事業では、住民の暮らしに学びながら自然な形で当たり前に行われている支え合いや、暮らしの中に隠れている社会資源を見つけ出して地域の資源として意識化と意味づけを行うことが重要になります。

住民が暮らしの中にある自然な支え合いや社会資源を意識することによって、地域資源（お宝）として活用することができるようになるのです。住民が経験のないことに取り組むときには、困難さが先に立ち消極的になる傾向があります。生活支援コーディネーターは、住民の暮らしの中にある自然な支え合いや社会資源を育むことによって、住民が生活支援を主体的に取り組めるようにすることが大切です。

また、暮らしの中で行われているさまざまな行為は、一義的な効果だけではなく、多様な効果をもたらします。具体的には、近所の人とのお茶飲みは、楽しみやストレス解消ばかりではなく、情報交換や安否確認、栄養補給という機能もあります。また、地域のサロンのボランティアは、社会貢献だけではなく、自身の

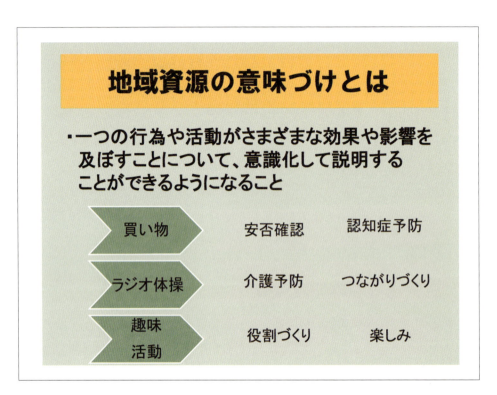

健康づくりや介護予防、新たなつながりづくりや新たな友人との出会いの場にもつながります。生活支援コーディネーターは、このような意味づけを行って住民が自分の暮らしを意識化して、暮らしをさらに豊かにしていくことができるように支援することが大切です。初期は、生活支援コーディネーターが意味づけを行う場面が多くなりますが、次第に住民自身が地域の暮らしの中にあるさまざまな活動に意味づけできるようになり、意味づけした活動で主体的に地域課題解決へ取り組むことができるようになります。

　生活支援コーディネーターが取り組む地域づくりは、住民主体でニーズに地域資源（お宝）が対応できるように、暮らしの意識化と意味づけを住民と一緒に行うことからはじめることが大切です。

第3章 生活支援体制整備事業地域展開の留意点

1 事業を包括的に展開する

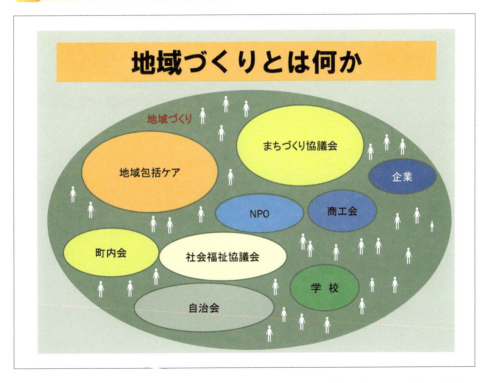

　生活支援体制整備事業は、地域包括ケアシステムの推進に向けた重要な事業の一つです。このほか、地域包括ケアシステムの推進に向けて、地域包括支援センター、医療と介護の連携や住まいの確保、介護予防推進、認知症施策の推進、地域ケア会議等のさまざまな事業が行われています。しかし、市町村では、各事業の担当課や担当係が違うために連携が十分ではなかったり、表面的な理解にとど

まっていて機能していないといわざるを得ない地域も散見されます。

　また、地域づくりはこれまでも保健福祉分野だけではなく、まちづくり協議会や自治会、町内会など他分野でも行われてきました。それぞれの活動には、分野別や事業別の主幹課があり、それぞれ別の目的へ向かって事業が展開されています。

　このため、生活支援体制整備事業では他の分野と連携協働していくことでその効果を高めていくことが期待されます。しかしながらこれまでの制度に基づく地域づくりは、行政と委託先と住民といった一方向で<u>縦展開</u>志向であるため、地域づくりに重要な住民同士や住民と関係機関など地域の交流を促進するような<u>横展開</u>に弱い傾向がありました。

　この事業では、それぞれの地域で活動する生活支援コーディネーターを活かしながら横展開を進めることが可能です。

　生活支援コーディネーターを中心に、これまで行われてきた多様な地域づくりの取り組みと地域包括ケアシステムにおけるさまざまな事業をパッケージとして地域で展開することが、この事業における地域づくりの基本となります。

2 住民主体で行う地域づくりにおける生活支援コーディネーターと協議体、市町村との関係

　住民が求めている安心して暮らし続けることができる地域とは、「どんな状態でも自分らしく暮らすことのできる地域」です。地域包括ケアシステムでは、この願いを叶えるために、医療、介護、住まい、介護予防、生活支援が地域の中で包括的に提供されることが求められています。

　生活支援体制整備事業では、生活支援コーディネーターは住民主体の地域づくりのサポーターとして中心的な役割を果たします。生活支援コーディネーターが所属する組織では、組織内の同僚や上司もこの事業に対し理解が深まるよう周囲に積極的にはたらきかけ、それをうしろだてとして、この活動を活発にすることが求められます。また、市町村との定期的な協議で、事業の展開について協議を重ね、必要に応じて適切な後方支援を受けることも重要な要素となります。市町

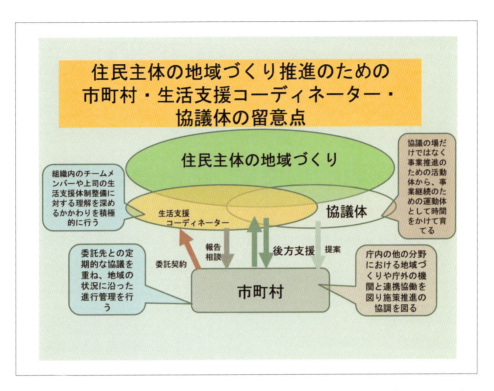

　村は、この事業が何のために推進されなければならないのかを明確にする必要があります。市町村および生活支援コーディネーターが、地域の現状を踏まえた事業の目的を共有し、地域の住民に伝えることが大切です。このとき重要なことは、住民に「どんなときでも自分らしく暮らし続けたい」という住民の願いを叶えることが、この事業の目的であるということを最初に伝えることです。

　市町村は、その後も事業推進のため事業の実施主体と定期的に協議を重ね、地域の実情に沿った事業展開を一緒に考えるとともに進行管理や事務に対応できる後方支援体制を整えていくことが必要です。また、庁内の他の分野における地域づくりや庁外の機関と連携協働を図り施策推進の協調を図ることも、重要になります。

　また、住民主体の地域づくりでは、多様な参加者による多様な資源の創出、柔軟性、臨機応変な対応、自発性、自立性が重要な要素になります。このため、この事業では、生活支援コーディネーターとともに、協議体の開催が位置づけられています。協議体は、生活支援コーディネーターと一緒に活動を進めていくこと

が求められています。協議体では、①地域ニーズの把握、情報の見える化の推進（アンケート調査やマッピング等の実施）、②企画、立案、方針策定を行う場、③地域づくりにおける意識の統一を図る場、④情報交換の場、はたらきかけの場、が主な役割とされています。このように協議体は、協議の場だけではなく事業推進や事業継続のための運動体として時間をかけて育てることが重要になります。

3 地域から学び地域の現状に合わせた展開を行うこと

　生活支援体制整備事業は、地域の現状を調査する（住民の暮らしを知る）ことからはじまります。市町村は、生活支援コーディネーターとの定期的な協議で地域の現状について情報交換を行い、市町村が把握している情報・データと生活支援コーディネーターの調査報告をもとに一緒に事業展開を考えていくことが重要です。

　この事業について、少子高齢化や人口減少による介護保険事業運営の困難さを住民に転嫁するものであると誤解されることは、事業推進の大きな妨げとなります。住民は、さまざまな事業に参加を求められ負担感が大きくなっています。地域でさまざまな役職を引き受けている人材であっても負担感から活動が停滞していることも少なくありません。また、担い手不足も深刻で、町内会や自治会はもとよりボランティア団体やまちづくりNPOなどの地域活動を行ってきた組織の活動に支障が出ているところも少なからずあります。

　生活支援コーディネーターは、一人では事業推進が進まず、また一人のボランティアや一つの団体と協働するだけでも事業推進は困難です。そこで協議体を開催してともに、この事業を推進することが重要になります。「参加したい」「参加して楽しい」「活動したくなる」協議体が「どんなときでも自分らしく暮らし続けたい」という住民の願いを叶える住民主体の地域づくりを可能にします。協議体は、協議をしてネットワークを充実させ、課題解決へ向けた方策の検討や社会資源の創出などを行うだけではなく、担い手の発掘や運動体として機能していくことが持続可能な住民主体の地域づくりを推進することになります。協議体のメンバーには広くさまざまな立場の住民や多様な分野からの参加が重要になり

ます。
　以上のような留意点を理解し、市町村、生活支援コーディネーター、協議体のメンバーが積極的に住民主体の地域づくりを行うことが求められています。
　第4章では、住民主体の地域づくりを具体的な段階に分けて展開方法を例示しながら「どんなときでも自分らしく暮らし続けたい」という住民の願いを叶える住民主体の地域づくりについて考えを深めています。

第4章

展開過程の基本

1 生活支援体制整備事業の検討

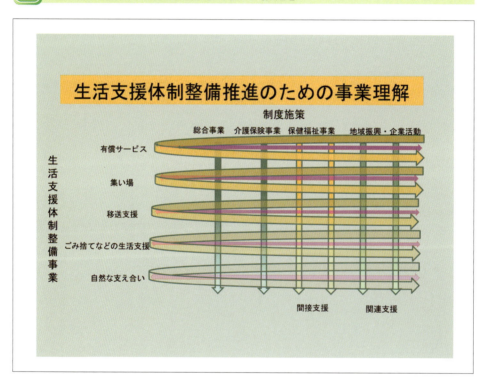

　ここでは事業内容の特性を踏まえ、事業内容を検討し暫定的に決めていきます。
　市町村が事業を進めていくうえで重要なことは、事業にかかわるすべての人が事業の目的や方針、実施内容などを共有することです。事業を前に進めるためには、まずは地域包括ケアシステムの中で、この事業がどう位置づけられているのかを理解することが求められます。また、他の制度施策等との関係性、つまり、

介護保険事業や介護予防・日常生活支援総合事業、その他保健福祉事業、地域振興や企業活動が、どう地域づくりに取り組んできたのか、あるいは地域づくりとは言わずに取り組んできたことが、地域づくりにつながっているのか等についても理解することが求められます。

例えば、住民が介護予防のプログラムに参加しながら、楽しみを見出したり、新たな出会いができたり、プログラム終了後もお茶を飲んだりするなどのつながりが維持継続されていることをみれば、大いに地域づくりに寄与していることがわかります。このように、各分野が取り組んできた事業にみられる地域づくりの要素や手法は違えども目指すところの共通性について言語化し、連携が促進されるようはたらきかけることも重要です。

また有償サービスや集いの場、移送支援、生活支援や自然な支え合いなども、地域づくりにつながっているということを意識せずに行われていることも多いのです。住民の多様な活動と多様な分野の事業の取り組みが、縦の糸と横の糸となり、一枚の布が織られるように事業と住民等のつながりが広がっていくことが求められます。このような取り組みは地域の実情に合わせて柔軟に進めていくことであることが望まれます。

取り組みの具体例

- **介護予防をキーワードに関連する事業や他分野の取り組みを調べてみましょう（市町村）**

    介護予防をキーワードに調べてみると、保健福祉領域以外でも多様な取り組みがあることがわかります。

- **住民が課題解決のために行う取り組みを地域づくりとの関連で理解しましょう（市町村）**

    住民が目の前にある課題を解決するための活動と地域づくりの関係性を説明できるようになりましょう。

- **関連する事業と他分野の取り組みと住民の課題解決の取り組みの関連性と共通性を理解できるようになりましょう（市町村）**

    地域づくりには多様な人や機関だけではなく、活用できる事業などを取り込み、連携するという発想が大切です。

2 生活支援コーディネーターの委託と関係構築

　この段階では生活支援コーディネーターを委託するとともに、事業についての理解と関係者間の相互理解を深めます。

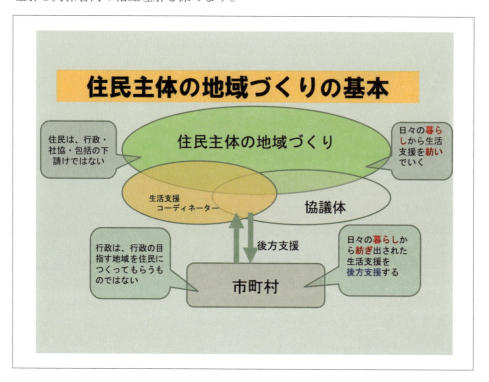

　2018（平成30）年度中に、市町村は地域づくりを担う生活支援コーディネーターと協議体をおくことになっています。市町村は、生活支援体制整備事業について、生活支援コーディネーターと所属組織に対して十分な説明を行い、定期的な協議を通じて、目指す事業のあり方について認識を深めながら、地域づくりを進めていくための関係性を育んでいきます。ともすれば、これまでは委託先に事業を丸投げしていても、うまく運営してくれたかもしれません。しかしながら、この事業は、市町村の役割も大きく、生活支援コーディネーターや協議体が機能を発揮できるよう後方支援をすることが求められます。生活支援コーディネーターが任命されるだけでは「役割」や「期待される機能」が伝わりません。市町村は生活支援コーディネーターを対象にした研修を企画したり、受講してもらうことも必

要です。そして、住民にも広くその役割を理解してもらうために広報していくことが求められます。そうすることで、住民も、主体的に地域づくりを行う仲間として市町村、生活支援コーディネーター、協議体などと連携を図りながら進めていくことができます。

取り組みの具体例

- **市町村は、委託先の組織・生活支援コーディネーターに対して、地域包括ケアシステムの中での事業の位置づけや特性、他事業との相違などについて説明し、定期的な話し合いを通じて共通の理解を得ましょう**（市町村）

    この事業ははじまったばかりで、わからないこともあります。市町村と委託先が話し合える関係を築きましょう。

- **委託先の組織や個人に対しても生活支援コーディネーターとともに、住民を支えられるよう、事業の内容を理解し、住民に理解が深まるよう支援しましょう**（市町村）

    地域づくりの主体は住民です。住民が事業を理解し活動内容の検討を行えるとともに、研修などを受講できるように支援しましょう。

- **生活支援コーディネーターや協議体を後方支援するのは市町村の役割です**（市町村）

    市町村は、委託した組織に丸投げするのではなく、生活支援コーディネーターと協議体が機能できるように、定期的な協議の場を設けるなどし、後方支援することが役割であることを知りましょう。

3 地域資源（お宝）の発見と発掘

　ここでは、住民の暮らしを知り、そのなかにある地域資源（お宝）を見つけ出す方法について理解しましょう。

　地域づくりをはじめるときには、まずは地域資源（お宝）とは何かを理解し、これまで他の事業も含め、どのような地域づくりが行われてきたかを調べてみましょう。調べるための素材はたくさんあります。市町村に関する多様なデータ、要介護高齢者の状況など地域包括支援センターなどが把握している地域のデータなどをみながら、地域の状況を把握しましょう。どの地域にどんな人たちが暮らしているのかは、データでも十分に把握できます。例えば、生活支援コーディネーターがさまざまなデータを収集するなかで、市町村は他部署がもっている情報や活動につなげるなども大切な後方支援です。生活支援コーディネーターが心理的に孤立しないよう気を配ることも市町村の大切な役割です。

　また、地域づくりについて、法制度間でも相互に関連をもちながら地域福祉等

の計画づくりが進められています。さらに保健福祉関連の計画だけではなく、まちづくり計画など保健福祉関連の計画に直接的に関係がないように思われる計画なども確認してみると、市町村が住民とともにどのような地域にしたいと考えているかが見えてきます。地域づくりはさまざまな分野の方と協力し進めていく必要があるので、地域づくりをはじめる前に、これまで地域づくりが各分野で進められてきたかについて確認してみましょう。

　地域について市町村に関するデータや計画等で把握できたら、実際どのような取り組みを行ってきたのか、さまざまな調査によってみえてきた現在の地域課題、課題に対する地域での取り組みがなされてきたのか、住民が行っている活動などについて市町村や関係機関などと話し合ってみましょう。そのうえで目指す地域になるためにどのような歩みをするか、話し合っていきます。

　実際の取り組みについて情報が得られたら、次は地域に実際に出向いて行きましょう。出向く前には、事前に出向く地域について調べて地域の伝統や文化の違いや特性を意識し、かかわるようにしましょう。地域の暮らしの中には長い時間をかけて守ってきた伝統や文化があり、それは住民の誇りでもあります。住民が大切に守ってきた文化や伝統の重さを理解することが、住民とよりよい関係を育むうえで重要なことです。地域に出向くと、その地域をよく知り、伝統や文化を大切にしているような「もの知りさん」と出会うことができます。「もの知りさん」は地域に関する知識だけでなく、たくさんの人ともつながっていることが多いので、「もの知りさん」と出会うことができたら、「もの知りさん」に力添えを得ながら、地域資源（お宝）を発掘していきましょう。

取り組みの具体例

- これまでの地域づくりに関連するデータを調べてみましょう（生活支援コーディネーター）

　人口動態や高齢化率など数値で把握できる地域情報を知ることや、行政等がつくっている各種計画にも目を通してみましょう。

- **行政や住民、多職種等と地域づくりについて協議しましょう（市町村・生活支**

援コーディネーター）

　立場が違うと地域づくりについての考え方が異なります。これまで地域でどんな取り組みをしてきたか話し合ってみましょう。

・地域の実情をよく知る「もの知りさん」と出会いましょう（生活支援コーディネーター）

　生活支援コーディネーターが地域に出向いても、最初は表面的な情報しか入手できません。地域の実情をよく知る「もの知りさん」と出会うことで、より深い地域資源（お宝）を発掘・発見ができることを理解しましょう。

　地域に入っていく際に、最初は介護予防教室やサロン活動等、把握しやすい活動を調べましょう。介護予防教室やサロン活動などの保健福祉領域だけはなく、生涯教育など、元気な高齢者が参加している学習活動等も調べましょう。地域づくりの担い手を探すには、多くの人に関心をもってもらうことが大切です。把握しやすい活動は多くの人の目に留まるので、参加者以外からも情報が得られます。

　地域の活動に訪問した際には、まずは今の活動についていろいろ話を聞いてみ

ましょう。活動内容だけなく、活動の前後に何をしているのかを聞いてみると、むしろ前後の過ごし方がつながりを住民同士のつながりを強くするために役立っているかもしれません。次に、この活動に参加しない日は何をしているか聞いてみましょう。「特別なことはしてないよ」と言われるかもしれませんが、具体的に1週間、1か月の暮らしぶりを聞いてみることが、支え合いを掘り起こす作業にあたります。どんな活動をしているか、特に定期的な開催や場所が固定されている活動だけではなく、日頃の何気ないかかわりについても聞いてみましょう。そして誘われたり、教えてもらった活動には参加してみましょう。そうすると、生活支援コーディネーター自身がまた違う住民と出会うことができます。新たに出会った住民にもこの活動に参加しない日を聞いてみて、紹介された活動にも参加してみましょう。この繰り返しが地域資源（お宝）を広く探すことにつながります。

　生活支援コーディネーターが地域づくりをともに行う仲間として認識してもらうには、住民が自分のやっている活動に関心をもってもらうこと、生活支援コーディネーターが一緒に支え合い活動を楽しめる人として認識してもらうことが大切です。

取り組みの具体例

- 把握しやすい活動を探し、行ってみましょう（生活支援コーディネーター）
　サロンや介護予防教室、公民館での趣味活動など、すぐに把握しやすい活動を探して行ってみましょう。

- ほかにも参加している活動を聞きましょう（生活支援コーディネーター）
　個々の暮らしの中でのつながりの広がりを知ると、暮らしの中での支え合いの重要性を知ることができます。

- 紹介してもらった活動に参加してみましょう（生活支援コーディネーター）
　多様なつながりをもっている人たちと出会うと、外からはうかがい知ることができないさまざまなつながりの中で生きていることが理解できます。

4 地域資源（お宝）の意味づけ

　ここでは、住民と一緒に、暮らしの中にある地域資源（お宝）のもつ意味を理解し、見つけた地域資源（お宝）を意味づける重要性を理解しましょう。

　住民の自然な支え合いは暮らしの中で、何気なく、さりげなく行われているものなので、生活支援コーディネーターが地域に出向いても、すぐに見つかるわけではありません。住民から日々の暮らしの中で何気なく行っている活動を聞き、その活動がもつ機能を住民に説明し、住民自身が活動の意義を理解できるようになると意欲的に活動を継続したり、発展させる原動力につながります。これが意味づけです。

　例えば、今日も買い物に来ている姿をいつもの店員さんは気づいています。それは安否の確認につながっています。季節に合わない服装をしていたり、何度も同じ物を買いに来るといったことも店員さんは気づいてくれます。また、ラジオ体操を毎朝行っている地域も少なくありませんが、このような活動は規則正しい

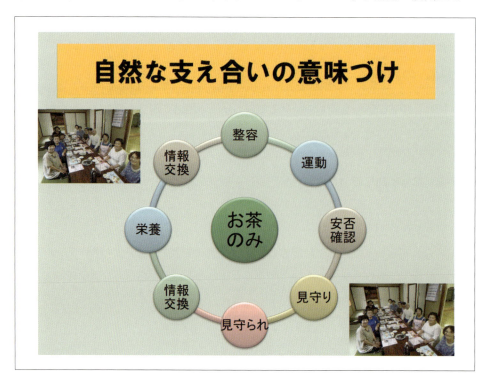

生活のきっかけになり、はじまる前や終わってからのおしゃべりはつながりづくりになります。趣味活動では、得意なことを活かした役割分担が生まれたりします。趣味を一緒に楽しむ仲間がいることは豊かなことですし、趣味を継続したいから健康を気遣うなど自助にも影響を与えます。

　何気なく当たり前に行っている活動も、その機能を整理してみると、多様な機能を有しており、その意義が理解できると、継続への意欲が高まります。

　自分の活動の意義や機能を理解して取り組んでいる住民は少ないので、生活支援コーディネーターは活動を意味づけし、活動している人たちが自分たちの活動の意義を他者に説明できるくらい理解を深めてもらえるようにはたらきかけましょう。

取り組みの具体例

- 暮らしの中で行っている支え合いについて聞いてみましょう（生活支援コーディネーター）

　　お茶飲みなど、人と人とのつながりになったり、雪かきのように隣近所の安全や安心を脅かすことがないよう必ず行う活動もあります。

- 活動の意味づけは、些細だと思われる活動こそ威力を発揮します（生活支援コーディネーター）

　　支え合い活動は人のために行うだけではなく、自分の介護予防にもつながっていることを理解してもらいましょう。活動の意味が理解できると、意欲的に取り組むことができます。

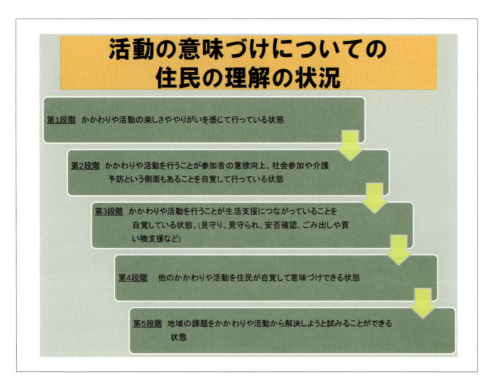

　地域に出向くと、何気なく、当たり前に住民同士が支え合っていたり、仲間が集まって趣味活動やサロンを楽しんでいたり、住民が地域課題を解決するためにグループを立ち上げて活動している姿を目にします。住民にとっては、当たり前のことであり、取り立ててすばらしいことをしているとは思っていないかもしれません。生活支援コーディネーターは、住民が自分らしく暮らし続けること、他者を思いやり、気にかけあって暮らすこと自体が地域づくりや自らの介護予防につながっていることを理解できるように、はたらきかけることが役割になります。

　生活支援コーディネーターは、住民の自らの活動に対する理解の状況を把握し、その段階に合わせてはたらきかけたり、住民自らの活動の意義についての理解の深まりを実感していただくことも大切です。この理解の状況を段階的にみてみると、以下のとおりになります。

　第1段階は、かかわりや活動の楽しさややりがいを感じて行っている段階で、住民は自分たちの活動がもつ地域づくりについての意義に気づいていません。

　第2段階は、かかわりや活動を行うことが参加者の意欲向上、社会参加や介護

予防という側面も自覚して行っています。「活動的な生活は健康によい」といった意義を活動の意欲につなげている状態です。

　第3段階は、かかわりや活動を行うことが生活支援につながっていることを自覚している状態（見守り、見守られ、安否確認、ごみ出しや買い物支援など）です。手助けをすることで助かる人がいること、「助けて」と言える関係があることで安心して暮らせることを知っています。

　第4段階は、他のかかわりや活動についても住民が自覚し、その活動の意味を説明（意味づけ）できる状態です。さまざまな活動の意義が理解できれば、住民同士で意義を伝えたり、励ましたり、活動の活発化に役割を果たすこともできます。

　第5段階は、地域の課題解決を試みる状態です。地域で支え合うことや住民が担う生活支援の意義について仲間と共有でき、発展させることができます。

　生活支援コーディネーターは、この住民の理解がどの段階にあるのかを把握しながら、将来的には地域づくりを住民自身の手で担えるようはたらきかけることが求められます。

取り組みの具体例

> ・活動などへの意欲や意義を聞いてみましょう（生活支援コーディネーター）
> 　　活動への想いや活動への参加動機などを聞くことで参加へのモチベーションを支えているのかを学びましょう。
>
> (資料として演習を入れているので、59ページをご参照ください)

5 協議体の開催準備と地域資源（お宝）の理解の共有

　ここでは、協議体の開催準備を行うとともに協議体メンバー全員が地域資源（お宝）の意味を深め、協議しましょう。そうすることで、地域のニーズの把握や共有、地域資源（お宝）の見える化が促進されます。

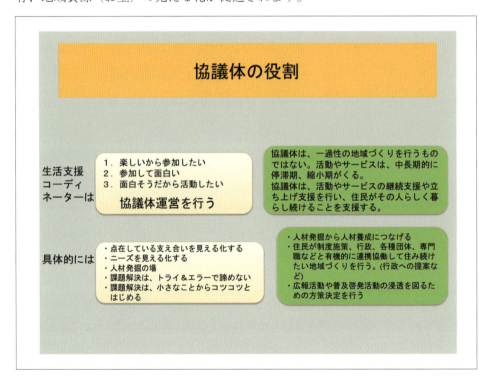

　協議体では、地域資源（お宝）の存在と意味を理解するなかで、地域資源（お宝）を見える化するとともに、見えた地域ニーズを把握・共有していきます。この協議体を開催するための準備として、最も重要なことの一つは、協議体が何のために開催されるのかという目的を理解するということです。このため、協議体の中で勉強会を開催したり、繰り返し事業について説明する機会を設けるなどにより、ともに活動する仲間であるとの意識をもつことが大切です。

　協議体は第1層（市町村圏域）と第2層（日常生活圏域）で開催されますが、エリアのサイズが異なるため協議体で扱う話題（議題）も異なります。第1層では市町村全体にかかわる話題（議題）を扱い、第2層ではより日常生活に近い話

題（議題）を扱います。なお、地域ではすでに同様の目的で会議が行われているところもあるかと思います。そのような場合には、その会議を協議体として活用することも可能ですので各地域の実情にあわせて協議体を開催してください。

協議体では協議体メンバーが自由に意見やアイデアを出したり、それぞれの協議体メンバーがもっている地域資源（お宝）についての情報等をつなぎ合わせ地域全体の情報を把握し、見出された課題を話し合います。さまざまな力をもった人材や地域づくりにかかわりたいと思っている人たちの存在も共有できます。それは住民だけでなく、多様な機関との有機的な連携の方法を共有する機会にもなります。

もちろん地域課題を扱うこともありますが、協議体を立ち上げた直後から地域課題ばかりを出し合うと、「課題ばかりの地域には未来がない」という思いになったり、行政等の責任追求をするような雰囲気になってしまうことがあります。住み続けている地域が課題だらけなら、なぜこれからも住み続けたいと思うのでしょうか。他に転居するよりも、今のほうが住み心地がよいから住み続けるのです。協議体が課題ばかりを扱っていたら、地域の魅力には目が向きません。協議体では、まず生活支援コーディネーターが見つけてきた地域資源（お宝）やその意義を共有し、自分たちの地域のもつ文化や伝統について確認していきましょう。自分たちの地域の魅力に気づくと、前向きな話し合いができます。課題解決の秘訣は、トライ＆エラーを基本とし、小さな取り組みを積み重ねていくことです。

協議体は一過性の地域づくりを行うために開催されるのではなく、話し合いを積み重ねながら中長期にわたって地域づくりが進められることを目指します。中長期的に地域づくりを行うなかでは、住民の支え合いや地域活動が停滞したり、地域づくりのための活動が縮小することもあります。協議体でもさまざまな情報を共有し、協議体メンバーのネットワークや継続できるための支援を行っていきます。協議体の活動は地域に見えにくいという側面があるので、協議体の機能と役割についてさまざまな方法で広報していきましょう。

取り組みの具体例

- 協議体のメンバーで事業の目的やビジョンを共有しましょう（市町村・生活支援コーディネーター）

  協議体メンバーのイメージや行政等がバラバラだと協議体は盛り上がりません。

- 協議体メンバーが地域の魅力を発見できるよう、地域にある地域資源（お宝）やその意義を共有しましょう（市町村・生活支援コーディネーター）

  協議体が活動体になるには協議体メンバーが地域づくりに積極的にかかわることが求められます。

- 地域課題の解決は小さなことから、トライ＆エラーを前提として進めましょう（市町村・生活支援コーディネーター）

  これまで地域に横たわり続けてきたような大きな課題は、住民が解決するには大きすぎます。まずはやれることからはじめましょう。

- 地域づくりを担ってきた活動が停滞したり、縮小することがあります、そのための継続支援の必要性を理解しましょう（市町村・生活支援コーディネーター）

第2層の協議体は、より身近な地域づくりの推進を行いますが、話し合うだけではなく深い交流の機会をつくりながら、協議体メンバーの関係づくりを行うことも大切です。地域づくりは住民の交流頻度を上げることからはじまることをわかっていれば、協議体は話し合わなければならないという固定概念を捨て、協議

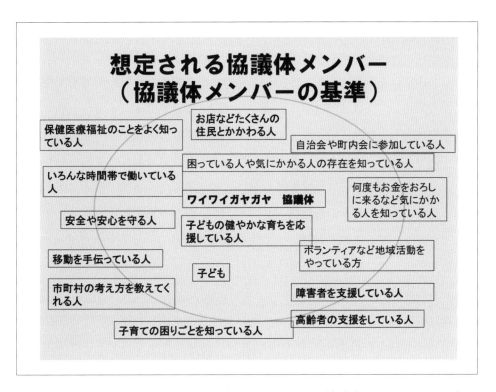

体メンバーとイベントなどを通じて交流することから協議体がスタートしてもよいのです。

　協議体が地域づくりの活動体として機能するためには、どのような方に協議体に入ってもらったらよいでしょうか。協議体メンバーを決める基準を明確化して人材を選定するとうまくいきます。協議体の運営側は、地域が元気になるためには協議体にどんな人が参加してほしいのか、どのような話し合いの場にしたいのかなどのビジョンを描き、協議体メンバーを選定することが必要です。ともすれば生活支援体制整備事業が介護保険制度におかれていることから、「要介護高齢者のための会議」と混同されることがありますが、地域には子どもからお年寄りまでが暮らしており、地域づくりは要介護高齢者のためだけに行うものではありません。

　地域のとらえ方は一様ではありません。例えば子どもや障害者にとっての地域と会社で仕事をしているサラリーマンから見た地域では、地域の見え方が違います。また子育て世代からすれば、地域は安全で安心して子育てができることが望

第4章　展開過程の基本

ましい地域の姿でしょう。それぞれの立場でしかわからない地域の姿があり、それを協議体の中でつなぎ合わせて地域全体を把握できるようにしていきます。ですから、すぐにではなくても、多様な立場や役割、年齢、性別、障害や支援の有無などを加味し、協議体メンバーを選定していくことが望ましいでしょう。町内会や自治会でも、地域に精通している人は、会長よりも書記や会計係だという話を聞く機会があります。しかしながら、町内会や自治会に参加してもらおうと思うと、やはり長がつく方に出席してもらうことが多くなります。例えば第1層協議体は地域の細々とした話題は扱う必要はなく、むしろ合意形成に尽力してもらう必要があるので、それには長がつく方の参加が望ましいかもしれません。第2層協議体のように、実働的な活動を行うとすれば、より活動実態に即した方に参加してもらうほうがよいでしょう。

　協議体の目的に沿って協議体メンバー選定の基準が決まればおのずとどなたに参加を呼びかけるか決まります（以下参照）。話題によって、あるいは課題解決によって協議体メンバーを変更できるよう、柔軟な運営も必要です。ワイワイガ

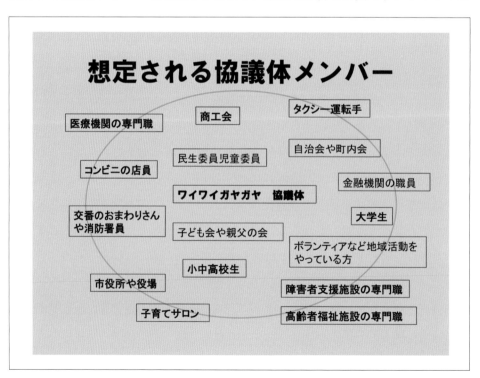

ヤガヤと参加者が積極的に話し合える雰囲気がある協議体はこれまでの会議体ではないので、運営方法も実態に沿った運営を心がけましょう。

取り組みの具体例

- **ワイワイガヤガヤした協議体にするためには、誰に参加してほしいのかの基準を明確にして、来ていただきましょう（市町村・生活支援コーディネーター）**

  地域づくりに尽力している人はたくさんいて、協議体にはその人に参加してもらうことはかまいませんが、都合がつかない、あるいは世代交代などを考えると、どういう人に参加してもらうことが望ましいかを検討することが必要です。

- **すぐにではなくても多様な立場の方が参加できる協議体づくりを目指しましょう（市町村・生活支援コーディネーター）**

  協議体運営に慣れてきたら、多様な立場の方（例えば子どもや障害者、障害者の家族など）にも参加してもらいましょう。立場の違いを尊重すると、地域の多面性が見えてきます。

6 情報発信と広報活動

　ここでは、生活支援体制整備事業の趣旨・内容について広く周知して、住民や関係機関等を共有しましょう。

　「なかなか上司や同僚が生活支援コーディネーターの仕事を理解してくれない」という声を聞くことがあります。生活支援コーディネーターが活躍するためには、まずは組織内で生活支援コーディネーターの役割と機能について共有され、生活支援コーディネーターを支える環境を整備することが重要です。また、地域包括ケアシステムの目的や事業の趣旨を関係機関や住民が理解を深め、ともにこの事業に取り組める下地をつくることも求められます。

　生活支援コーディネーターが孤立しないように支援することだけでなく、個人を支えることも重要なのですが、事業実施主体も組織として知り得る情報や人を紹介するなど、間接的に支援することが必要です。

　生活支援コーディネーターの業務を理解してもらうために有効な手立てとして

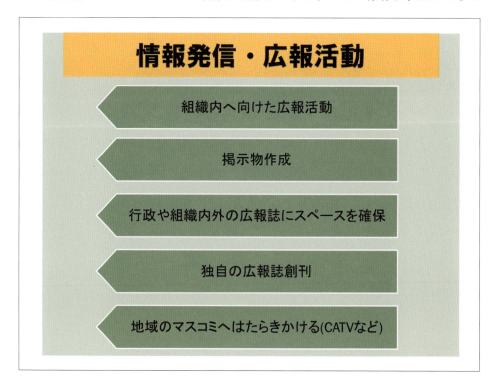

は、自分が地域に出向き見つけた資源をまずは組織内で共有し、その意義を説明することです。他のスタッフが別件で地域を訪問した際、見つけた地域資源（お宝）が自分に情報として集まるようになることを目指しましょう。

　そして見つけた地域資源（お宝）は見える化しましょう。模造紙に写真を貼ってもよいですし、白地図を使って、見つけた地域資源（お宝）の分布がわかるようにしてもよいでしょう。活動内容がファイリングできるように工夫する方法もあります。掲示すると人の目にふれ、関心をもってもらえるようになりますが、掲示物は掲示している場所に足を運んだ人しか見ることはできません。もっと多くの人の目にふれるには、ほかの方法を検討することも必要でしょう。例えば、市町村の広報誌や町内会などのニュースレターなどに情報を載せてもらうと広範囲な地域に情報を行きわたらせることが可能です。次の段階では、予算をとって、地域向けの広報誌を生活支援コーディネーターが作成して配布してみましょう。広報誌はページ数が多くなるので、掲載する情報の数が必要になります。また、いつも同じ内容だと思われると読む人の関心が低くなるので、レイアウトや情報の選定にも気を配り、配布されることを楽しみにしてもらえるよう心がけましょう。

　地域の地方紙や、ケーブルテレビなどは地元の人たちがよく見ています。そこで生活支援コーディネーターの役割や機能、地域資源（お宝）の紹介などを行うと、たくさんの方々の目にふれることができます。その際には、紹介される住民の意思と意向を確認して丁寧に進めていきましょう。

取り組みの具体例

- 住民に事業の趣旨が伝わるよう掲示物等をつくってみましょう（生活支援コーディネーター）

    見つけた地域資源（お宝）は、見える形にして伝えていくことが必要です。新しい情報が定期的に掲示されると楽しみにしてくれる人も増えます。

- 地域資源（お宝）の理解を深めるために市町村の広報誌や社会福祉協議会などが出している広報誌で掲載してもらいましょう（生活支援コーディネーター）

    市町村や社会福祉協議会が発行している便りや広報誌は、住民の暮らしに根ざした情報が掲載されているので、多くの住民が関心をもちやすいです。

- 住民や関係機関に生活支援体制整備事業の意義と地域資源（お宝）を広めることを目的に地域向けの広報誌をつくりましょう（生活支援コーディネーター）

    広報誌を作成し、地域の活動を広めることを通じて生活支援コーディネーターの仕事を理解してもらいましょう。

7 多種多様な普及啓発の推進

ここでは、活動発表会等により、活動やその意義を広く住民に周知しましょう（活動の見える化と見せる化）。

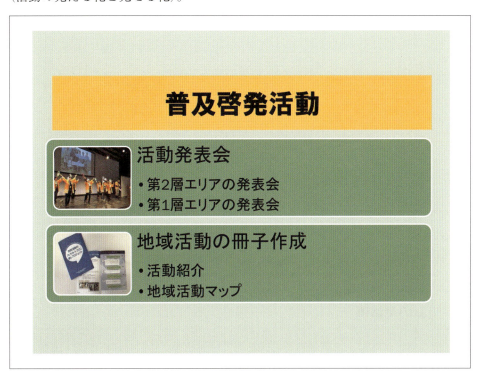

活動発表会の目的は、いくつかあります。発表者にとっては①自分たちの活動が他者の目にふれることで活動継続の励みになります。②参加者にとっては活動を知り、参加したいと思うような活動と出会う機会になったり、③活動意義を発表者と参加者が知る機会となり、活動の波及効果が高まります。地域活動の見える化や見せる化を行うことで、住民の中での地域づくりが促進されます。活動発表会で発信された情報によって、活動が縮少したり、停滞している活動団体の継続支援につながることもあります。

活動発表会を初めて開催しようとするときには、「発表に協力してくれる住民がいるのだろうか」と不安になることもあるでしょう。しかしながら、住民は自分たちの活動に誇りをもっているので、発表会での披露を依頼されると、快く引

き受けてくれる方は少なくありません。

　第2層（日常生活圏域）での活動発表会は住民にとって身近な地域のもので、発表者が知り合いであるため、参加者はより身近に地域活動を感じることができます。参加したいと思った活動は、身近にあることを知ることができます。また第1層（市町村圏域）での活動発表会は、市町村全体に広く情報を発信できる機会になります。自分が暮らす地域以外の住民の主体的な活動を聞く機会は極めて少なく、市町村の地域づくりの情報を聞く機会は貴重です。

　運営者側は発表者の発表内容などのバランスに気を配りましょう。主催する側が誰に対して、どのようなメッセージを発信したいのかを明確にし、発表会を運営することが大切です。発表者や参加者だけではなく、主催者も会場の反応を見るなかで、発表会の意義が手に取るように理解できるでしょう。

　地域活動を広めるためには、冊子をつくる方法もあります。発表会用に発表者を紹介する特別の冊子をつくるところもありますし、日頃から地域活動を広報するために作成するところもあります。地域活動の広報の目的と範囲、頻度、対象などを決めて作成すると効果的です。

取り組みの具体例

- 第1層と第2層の活動発表会の活動の目的を明確にし、適切に準備・開催しましょう（市町村・生活支援コーディネーター）

　エリアのサイズが異なると開催準備も変わってきます。どんな目的で開催するのか、主催者側がよく議論しその目的や方法を共有しましょう。

- 見える化の一つの方法として地域活動を紹介する冊子をつくると、多くの人の手に取ってもらえます（市町村・生活支援コーディネーター）

　発表会に参加できなかった人たちにも地域活動に関する情報を発信するには、冊子は有効な手段です。

- 活動発表会の会場の反応や参加者の感想を確認しましょう（市町村・生活支援コーディネーター）

　見せる化としての活動発表会がどのように参加者に影響を与えているか、会場の反応や参加者の感想を具体的に聞いてみると、活動発表会の目的の達成度を把握できます。

活動発表会は、地域資源（お宝）を住民と共有することが目的です。地区社会福祉協議会や気の合う仲間同士の集まりの発表会は、より身近な地域の活動を知る機会となり、質疑なども行いやすくなります。活動ごとにブースをつくって、参加者と実際に交流するような企画にしてもよいでしょう。参加者が地域資源（お宝）の発表を聞いて「私もそういう活動に参加してみたい」「そういうことなら私もやっている」等、さまざま感じることでしょう。楽しそうに活動をしている姿は住民にとってさまざまな刺激になります。すぐに活動が広がらなくても、機会があったら活動に参加したい、自分も友人をつくって楽しく過ごしたいという思いが芽生えるきっかけになります。まずは楽しい活動を通じて住民がつながり、それが地域全体でみれば、網の目のように人々がつながり、それが地域づくりになります。

　誰に向けて、どのような方法・内容で、どれくらいの規模で発表会を開催するかは重要です。発表会は必ずしも大規模である必要はありません。たくさんの方に聞いてほしいという意図がある場合、会場だけを大きくするのではなく、会場に集まるたくさんの方々に発表会の意図が伝わるように多様な活動を取り上げるなど工夫が必要です。ともすれば、体操やレクリエーションなど、動きが大きなものや人数が多いもの、活動が形として見えやすいものを選定してしまいがちです。しかしながら、そのような活動に参加したい人ばかりではありません。「そ

地域の支え合いの報告会

んなことはできない」と思われてしまうと、次の発表会には来てくれませんし、発表された活動は自分には関係ないと思ってしまいます。「それなら私にもできるかも」と思ってもらえることが大切です。例えば、畑でのお茶飲みやビニールハウスでの井戸端会議など、あまりにも当たり前でそんなことが地域づくりに寄与しているとは思っていない活動を取り上げて、その意義を説明すると、地域づくりとの関連が理解でき、地域づくりの敷居を下げることもできます。参加しやすく継続しやすいものでなければ広がらないことを理解しましょう。

　発表会に大きな労力が必要になると、開催準備が負担になり開催回数は減ってしまいます。多くの住民に広がるための開催方法を吟味しましょう。

取り組みの具体例

- **発表してほしいグループや個人には、発表会の意図を十分に理解してもらいましょう（市町村・生活支援コーディネーター）**

　　発表してほしい個人やグループに発表の依頼をする際、「選んだ理由」「発表会の目的と参加者」など具体的に説明しましょう。

- **主催者は十分に話し合いを行い、発表会の意図や目的を明確にしましょう（市町村・生活支援コーディネーター）**

　　地域への波及効果を念頭におき、どのグループや個人を選定するか、関係者と十分に協議することが大切です。

- **発表を依頼する個人やグループに偏りがないか、参加者に与える印象を考えながら選択しましょう（市町村・生活支援コーディネーター）**

　　住民に向けて発表される活動は、可能な限り敷居が低いものであることが望まれます。「あのような活動でも発表できるの？」と思われるくらいでよいのです。発表してもらう活動のタイプはバランスを考え選定しましょう。

8 地域づくりの活発化

　ここでは、幅広い地域の関係者とネットワークをつくり、地域づくりの活発化を図りましょう。

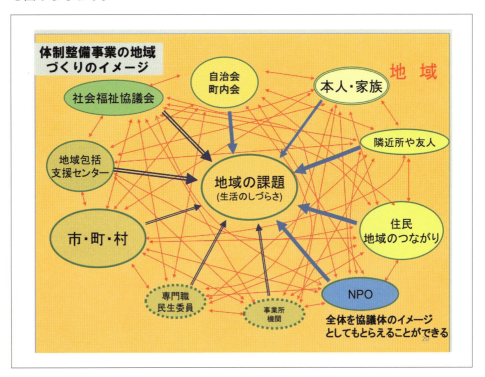

　生活支援体制整備事業による地域づくりを進めるうえで理解していなければならないことは、この事業は生活支援コーディネーターや保健医療福祉領域の専門職と住民だけのネットワークで進めていくわけではないということです。企業や商工会、銀行や郵便局、警察や消防、学校など、一見すると関連がないように思われる機関等とも連携を図ることが求められます。あくまでも住民がかかわる人や機関と、ネットワークを構築する対象であるという視点が求められます。

　住民が暮らしの中でどのように支え合いを行っているかを知るとともに、住民を支える人や機関ともつながり、地域全体がつながり合うことを目指すことが重要です。

　あわせて、生活支援コーディネーターは地域にある多様な機関等に対して、こ

の事業や住民が行う地域活動の意義、地域づくりには多様な人や機関がかかわることが必要であることなどを伝え、地域づくりにかかわってもらえるようはたらきかけることが求められます。「困りごとを抱える人はほかにもいるかもしれない」「もの忘れなどが出ても安心して暮らせる地域にするにはどうするか」という課題が出てくることもありますが、協議体で多様な機関からの協力も得ながら話し合いを続けることで、地域包括ケアシステムが目指す、「どんな状態になっても暮らし続けられる地域」に近づいていきます。

取り組みの具体例

- **協議体の開催を繰り返すなかで、協議体メンバーで地域ネットワークの重要性を共有しましょう（協議体）**

    地域で困りごとを抱えている人や課題について、何から取り組むかなど具体的に話し合うと、つながり（ネットワーク）ができ、その大切さを共有することができます。

- **住民がどんな機関等とかかわっているか地域を把握してみましょう（生活支援コーディネーター）**

    例えばスーパーの店員さんが困りごとのある人の存在に気づいていることがあるかもしれません。困りごとに対しての対応方法や不安に思っていることがあれば、スーパーの店員さんにもかかわりをもってもらうためにネットワークを構築していく必要があります。

- **幅広い地域機関、関係者が生活支援体制整備事業に理解が深まるようはたらきかけ、幅広い機関とつながりの中で支えられるネットワークを構築しましょう（市町村・生活支援コーディネーター）**

    住民がかかわる機関なども困りごとを抱えた人と出会い、対応に苦慮することもあります。それぞれの機関をつながりの中で支えられるネットワークを構築しましょう。そのためには、地域にある多様な団体や機関が地域づくりに参加しやすくなるよう、事業の目的を共有し、地域づくりについての協議の場をつくりましょう。

この事業について首長出席のもと、全庁をあげて研修を行った市町村があります。地域づくりというさまざまな分野にかかわるこの事業を進めていくためには、内部に自分の仕事を理解し応援してくれる人が必要です。また、通常、行政において事業は担当部署を中心に行われ、他部署と連携を図ることは極めて少ないものです。しかしながら、この事業においては、他部署が行う地域づくりの取り組みとも連携を図ることが求められます。例えば、農政や建設なども地域の実情をよく理解しており、その情報はこの事業を進めるうえでは有用な情報です。その他の部署が所有している情報も、この事業に活かせるものもたくさんあり、庁内でつながることが生活支援体制整備事業を推進するうえでは重要です。

　地域づくりの主役は住民ですから、住民とともに地域づくりを進め、行政や生活支援コーディネーターは後方支援をしたり、ネットワークを構築するなかでつながりづくりを進め、住民が主体的に取り組めるよう協働しましょう。

　この事業の担当者だけが奮闘し、熱意ある担当者が異動になったら停滞するということでは、市町村の地域づくりは足踏みをすることになります。庁内連携を含め、市町村全体でこの事業を進めていくことが求められます。

取り組みの具体例

> - **市町村の担当者は内部に自分の仕事を理解し、応援してくれる上司や同僚をつくりましょう（市町村）**
>   　地域づくりは一人ではできません。まずは内部で生活支援体制整備事業の理解を共有しましょう。
>
> - **他部署が行っている地域づくりの取り組みについて知りましょう（市町村）**
>   　庁内を見わたすと、地域の情報を知っている部署がたくさんあることに気づきます。庁内で共有できれば生活支援体制整備事業にも役立てることができます。
>
> - **幅広い地域の関係者とのネットワークの維持のためにも、担当者の異動で生活支援体制整備事業が停滞しないようにしましょう（市町村）**
>   　担当者しか事業の意義や内容をわかっていないと、異動によって事業は停滞します。地域づくりは継続性が重要です。つながりのある事業運営を心がけましょう。

9 地域資源（お宝）への継続支援と、多種多様な地域資源（お宝）の開発

　ここでは、生活支援コーディネーターを中心に発見・発掘してきた地域資源（お宝）が継続できるよう支援するとともに、住民が自主的に地域課題に取り組めるように支援します。

　生活支援コーディネーターは地域で見つけた地域資源（お宝）に意味づけし、継続支援を行います。さらに生活支援コーディネーターは、この地域資源（お宝）を協議体メンバーや住民、関係機関と共有するなかで、今ある地域資源（お宝）が地域ニーズや課題の支援方法として活用することができます。また、多種多様な地域資源（お宝）を地域のニーズや課題に活用する方法についても、協議体などで共有すると、その方法論は地域に普及しやすくなります。

　このように協議体で住民の取り組みを共有すると、協議体メンバーがそれぞれの地域に持ち帰り、住民に情報を発信し、地域づくりの推進に役割を果たしても

らうことができます。協議体メンバーに地域活動を紹介する際、生活支援コーディネーターは必ず地域活動に意味づけをしましょう。これにより、協議体メンバー自身が地域活動の意義を理解し、地域づくりの推進者としての役割を理解し、地域に戻ってから機能してもらうことが重要です。また、できるだけ地域活動について敷居を低くし、「特別の人にしか地域づくりはできない」という印象を与えないことが重要です。たくさんの人が地域づくりに関心をもち、地域づくりを担う人の裾野を広げて、住民がそれぞれの暮らしの中で地域活動を継続することが地域づくりであることを協議体の中で繰り返し共有しましょう。

　また、資源開発について、地域づくりが住民主体といっても、すべて住民が担わなければならないわけではありません。例えば、地域にある企業が地域づくりに参画することで、ニーズや課題が解決することもあります。今まで地域づくりに関与するきっかけがなく、かかわるタイミングがなかったと思っている民間企業もあります。新たな協力者を発掘することも資源開発です。

　協議体は地域づくりの活動体です。常に協議体メンバーが地域づくりにおける

自らの役割を確認し、機能するよう支援することも生活支援コーディネーターの役割です。協議体やそのメンバーが地域づくりの核となり、生活支援コーディネーターとともに推進する役割を果たすことこそがこの事業の意義です。

取り組みの具体例

> - 協議体で地域活動を紹介し、参加者で一緒に意味づけをしてみましょう（生活支援コーディネーター）
>   協議体メンバーは地域活動がどんな機能があり、地域づくりとつながっているのかを説明できるように支援しましょう。
> - 協議体が地域づくりの核であり、地域資源（お宝）を共有するなかでニーズや課題解決に役立ち、広く地域に発信できる機能を有していることを理解しましょう（市町村・生活支援コーディネーター）
>   協議体は地域づくりの核であり、それぞれの協議体メンバーが地域づくりの推進役であることの理解を進めましょう。
> - 協議体は地域づくりの活動体であることを共有しましょう（市町村・生活支援コーディネーター）
>   協議体は地域づくりの活動体です。つまり地域づくりが実際に動いていくように活動することが求められています。

　生活支援コーディネーターが見つけた地域資源（お宝）は、時間の経過の中で活動が停滞したり、縮少したりすることもあります。活動が停滞するあるいは消滅する原因の一つには、参加メンバーが体調を崩し、担当していた役割を果たせなくなる、あるいは活動場所まで自力では通えなくなるなど、何らかの理由で参加できないメンバーが増えることがあげられます。地域活動に参加してせっかくつながりが生まれたのに、参加できなくなることにより、つながりが切れてしまいます。加齢により通いにくくなることは経験的に知っていても、対応策について話し合うこともあまり見られません。

　協議体では活動が停滞している背景を共有し、生活支援コーディネーターとともに対応策を検討し、活動の継続を支援していきます。また、今は問題なく継続できている活動団体に対しても、将来待ち受けている課題について共有し、活動

メンバー自身が通いにくくなっても、つながりが切れないようにするかを一緒に考え、対応できるよう支援していくことも可能です。それぞれの活動では対応策などについて検討することが困難でも、協議体メンバーのもつネットワークなども動員し検討することで、多様な支援方法を見出すことができます。

協議体はエリアの情報を収集することが可能であることから、地域づくりの継続支援にも役割を果たすことが期待されています。

取り組みの具体例

- 協議体は生活支援コーディネーターが得た情報を踏まえ、エリア全体の地域活動継続支援を検討します（市町村・生活支援コーディネーター）

  生活支援コーディネーターの収集した情報を分析し、継続支援が必要な活動が停滞する背景と対応策について説明し、継続支援の必要性を共有します。

- 協議体で地域活動の後方支援や継続支援の方法を共有すると、エリア全体にその方法を発信することができます（市町村・生活支援コーディネーター）

  協議体はエリア全体の継続支援を把握できる可能性があります。継続支援という課題について協議体メンバーが役割を果たせるよう支援しましょう。

10 報告書の作成・評価と事業の見直し

　ここでは、各種報告書の作成と評価を行うとともに、改めて地域の現状を把握・確認して、次年度以降の取り組みについてみていきましょう。

(1) 生活支援体制整備事業における事業報告書とは

　この事業は、「どんなときでも自分らしく暮らし続けたい」という住民の願いを叶える住民主体の地域づくりを目的として展開することが求められています。この目的達成のために、住民が自発的に主体的に活動を行うことが特徴であり、また、生活支援コーディネーターを配置して住民主体の地域づくりを促進することが事業の強みとして位置づけられています。

　事業報告書作成にあたって市町村の担当者は、生活支援コーディネーターとの定期的な協議を重ね、事業の展開状況をしっかり把握したうえで、事業の評価を行うことが大切です。

　この事業は、まったく新しい事業であるために多くの人に理解を得る必要があり、事業報告書は普及啓発活動の重要な側面ももっています。また、この事業の事業報告書は、広くさまざまな立場の組織や個人が、事業の理解を進めるにあたって重要なツールとなります。具体的には、写真などの画像を豊富に入れ込むことやパンフレットやチラシ、広報誌などを資料に挿入することも重要です。

　報告書は、その地域の現状や事業の成果を示すものですので活動報告書も含めて、協議体とも共有し、その現状や今後の取り組みについて話し合いましょう。

事業報告書に盛り込む内容
・生活支援体制整備事業の目的
・年度中の生活支援体制整備事業の展開
・予算・決算
・実績報告を求められている項目

(2) 生活支援体制整備事業における活動報告書とは

　この事業の活動報告書は、事業の推進役の生活支援コーディネーターの活動と協議体の活動を基本として、事業の全体が理解できるように作成することが大切です。具体的には、この事業の目的を丁寧に説明し、目的達成のために事業がこの地域でどのように展開されているか、当該年度の活動をまとめます。まとめる資料は、毎日の活動報告、月報などと、活動のチラシやパンフレット、地域の活動の写真などが活動報告では重要になります。

　このように事業報告書および活動報告書は、新しい地域づくりの取り組みであるこの事業を地域で展開するうえで、普及啓発活動、情報発信・広報活動の重要なツールにもなります。

　また、市町村は事業報告書での評価をもとに、地域づくりが活性化するよう生活支援コーディネーターの後方支援にも活用しましょう。

活動報告書に盛り込む内容
- 委託された生活支援体制整備事業の目的
- 年度中の生活支援体制整備事業の展開と具体的な成果物
- 予算・決算
- 実績報告で求められている項目など

11 次年度(以降)の計画立案と工程表の作成

　ここでは、⑩での評価や見直しの検討を踏まえ、次年度以降の地域づくりの方策(計画・工程表)を策定しましょう。

　この事業は、市町村が立案する事業計画と事業の実施主体(委託先)が立案する活動計画があり、それを基に事業を進めていきます。事業計画は、1年間でどのような取り組みを行い、その成果はどのような方法で計るのか明確に示すことが求められます。例えば生活支援コーディネーターは年に2回、第2層協議体を開催すること、そしてその成果は実績として報告することなど、具体的な委託内容を示した事業計画を立案しなければなりません。事業の実施主体は委託内容に従い、事業を進展させるための活動計画を立案します。ただし、事業計画や活動計画だけでは、いつの時期にどの程度まで何を遂行するのかが見えてきません。市町村にとっては事業の実施主体の動きが把握できませんし、事業の実施主体は市町村が事業をどのように進めていきたいか理解できません。したがって、1年間でどのような進め方をするのか事業計画や活動計画に基づき工程表を作成することが求められます。

　これから生活支援コーディネーターや協議体を配置する市町村は、他の市町村を参考にして、事業計画や活動計画を立案し、実際にどのように事業計画や活動計画を達成するかの工程表を作成することができるという強みがあります。実現可能な事業計画や活動計画と工程表を作成し、市町村と実施主体双方で進行管理を行い、事業の成果を評価しながら進めていきましょう。

　事業計画や活動計画に基づき事業は実施されますが、実施することでみえてくるさまざまな課題があります。この課題を解決する方策は、次年度の事業計画や活動計画に盛り込みます。課題解決の方策を盛り込んだ事業計画や活動計画を具体的にどのように進めていくのか、工程表を作成し進めていきます。工程表は事業計画や活動計画が具体的に推進するために必要なものなので、具体的かつ実現可能な内容であることが望まれます。

取り組みの具体例

- **事業計画と活動計画立案の意義について共有しましょう（市町村・生活支援コーディネーター）**
  　市町村と事業実施主体双方が事業計画や活動計画に盛り込む内容や意義について共有できるよう話し合いましょう。

- **事業計画と活動計画に基づき工程表を作成しましょう（市町村・生活支援コーディネーター）**
  　事業計画や活動計画に基づき工程表を作成しましょう。工程表は具体的で実現可能であることが重要です。

- **進行管理を行い、みえてきた課題は次年度の事業計画や活動計画を作成し、工程表にも盛り込みましょう（市町村・生活支援コーディネーター）**
  　市町村と事業受託主体（委託先）が事業計画や活動計画に沿った活動を行うなかで、定期的な協議を行い、みえてきた課題を整理し、次年度の計画に盛り込むことが大切です。

(地域支援事業)

2018年度生活支援体制事業スケジュール (案)		
部署	A町社会福祉協議会	社協・まち合同実施
事業目的	誰もが、可能な限り、住み慣れた地域で生活するためには、地域での見守り・助け合い活動が重要となる。今後、生活支援の支え手となる元気な高齢者だけでなく、住民に対して、2025年問題・介護の支え手不足 幅広い世代が参画できる地域づくりの推進を目的とする。	
事業内容	・生活支援コーディネーターの配置 ・協議体に対する…協議会開催へつながるような研修会を実施 ・コーディネーター業務…地域の高齢者の介護予防、生活支援に資する活動の把握およびその情報を収集し、リスト化する。地域課題の洗い出しや相談者にあった必要な資源のコーディネートを行う。支援が必要な高齢者について地域包括支援センターとの情報共有や必要時訪問を行う。まちの高齢者を取り巻く現状や課題の把握、さらには地域課題の洗い出しを行う。関係機関との情報共有・連携等。高齢者の日常生活支援に係る支援ニーズと生活支援サービス提供主体の活動のマッチング等。 ・コーディネーターの活動内容を作成、毎月各戸配布する。	・事業に関する情報共有 ・打ち合わせ会:毎月第4木曜日（その他随時)
対象		町内
担当	第1層生活支援コーディネーター:B 第2層生活支援コーディネーター:C・D	各部署担当
4月	生活支援コーディネーターによる行政区の資源の把握（第3層との話し合いの場を設ける）	コーディネーター活動報告 第2金曜日まで総務課・各行政区配布BOXへ *5月から毎月第3水曜発送 *打ち合わせ1週間前にまちへ原案を提出	打ち合わせ:4月26日(木)
5月			打ち合わせ:5月24日(木) 相談ケースや地域で気になる人に対する訪問・必要な支援の検討（随時)
6月	L一小学校区研修会		打ち合わせ:6月28日(木) アドバイザー派遣による生活支援体制整備事業について勉強会(1回目)
7月			打ち合わせ:7月26日(木)
8月	I小学校区研修会		打ち合わせ:8月23日(木)
9月			打ち合わせ:9月27日(木)
10月	L二小学校区研修会		打ち合わせ:10月25日(木) アドバイザー派遣による生活支援体制整備事業について勉強会(2回目)*10～11月
11月			打ち合わせ:11月22日(木)
12月	J小学校区研修会		打ち合わせ:12月20日(木) *第3木曜日
1月			打ち合わせ:1月24日(木) 地域ふれあい支え合い活動報告会打ち合わせ・準備
2月			打ち合わせ:2月28日(木)
3月	H31.4月まで準備 業務完了報告		打ち合わせ:3月22日(金) *第3金曜日

A町（保健福祉課保健給付班・地域包括支援センター）

住民同士の支え合いは、若い世代のみならず、高齢者自身も力を発揮できる地域づくりが不可欠である。
となる現状・地域包括ケアシステムについて普及啓発を行い、地域の社会資源について気づき、地域で何ができるか考え、

- 介護予防普及啓発事業…介護予防出前講座
- 地域介護予防活動支援事業…介護予防地域づくりモデル事業・介護予防活動ボランティア養成・お達者アンケート要フォロー者訪問等・傾聴ボランティア育成等
- 生活支援体制整備事業…生活支援コーディネーターの設置／地域ふれあい支え合い活動報告会　第１層協議体の運営（下段スケジュールにも反映）
- 認知症総合支援事業…認知症カフェ・認知症講演会（家族交流会）等
- 総合相談事業…支援を必要としている高齢者に対し、適切なサービスや制度の利用について支援を行う。

全域

保健福祉課保険給付班：E
地域包括支援センター：F・G
地区担当保健師：H（I小・J小学区）・K（L一小・L二小学区）

第4章　展開過程の基本

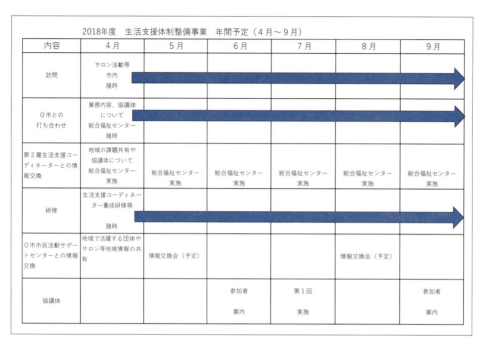

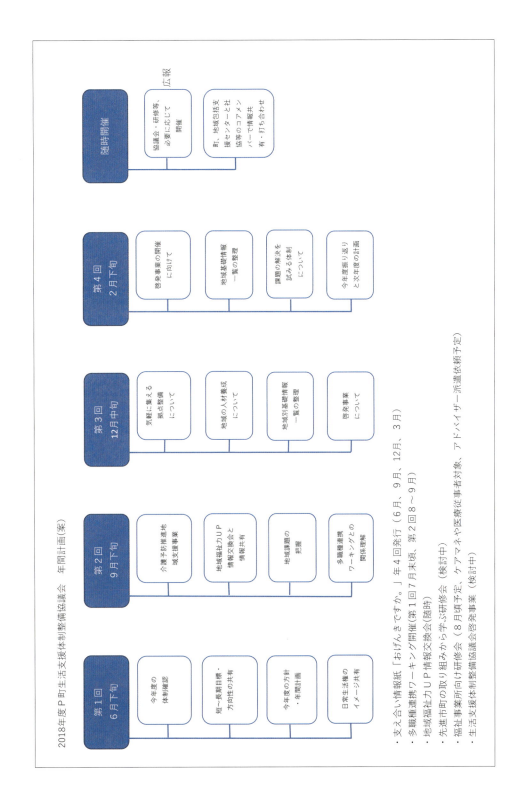

第5章 まとめ

生活支援体制整備事業を展開するうえで忘れてはいけないこと

　市町村と生活支援コーディネーター、関係者はこの事業を行うにあたって事業の目的を共有することが大切です。この事業の推進によって目指すものは、地域包括ケアシステムの目的でもある「重度な要介護状態となっても住み慣れた地域で自分らしい暮らしを人生の最後まで続けることができること」を実現することです。言い換えれば、「どんなときでも自分らしく暮らし続けたい」という住民の願いを叶えるための住民主体の地域づくりということができます。

　目的の共有が不十分なままで事業が開始されると、介護保険制度や市町村の肩代わりを住民にさせることになるのではないかと誤解されてしまうことが予想されます。このような誤解が生じないように、この事業の目的を住民や市町村、関係機関、組織体と共有するためのさまざまな取り組みを行うことが大切です。

地域の課題を解く鍵は地域の中に必ずある

　生活支援体制整備事業は、まったく新しいアプローチを必要とする事業です。介護保険事業をはじめとするさまざまな制度化された事業は、全国一律の公平な展開を原則として対象、提供方法、費用などが細かく決められ運用されています。これに対して生活支援体制整備事業は、地域のニーズに沿った事業展開が可能になっています。

　地域のニーズは、アンケート調査やデータ分析による評価だけではみえないことがたくさんあります。市町村の高齢化率の上昇や高齢世帯、高齢単身世帯の増加、人口減少などにより、地域課題が急速に増大するといわれています。集落の

高齢化率が50％を超えると「限界集落」と呼ばれ、市町村単位でも高齢化率が50％を超えると「限界自治体」や「消滅可能性自治体」とも呼ばれることもあります。

　しかしながら、実際に地域にお邪魔すると、そのような自治体に住み続けている住民は、地域課題が山積みで、生活のしづらさを抱えて、厳しい暮らしを強いられている訳ではないということを教えられます。

　住民は、その地域に暮らし続けるため、さまざまな知恵と工夫を自然に身につけています。この知恵と工夫は、暮らしを豊かにしてたくさんの楽しみや幸せを住民にもたらしています。また、自然な形での住民同士のつながりや支え合いが強固につくられています。このような住民同士のつながりや支え合いは、まさに地域資源（お宝）です。たとえ都市部の高層マンションであっても、同様の住民同士のつながりや支え合いが行われている地域も少なからず存在しています。

　このように地域の課題を解決する鍵は、必ず地域にあります。生活支援コーディネーターは、地域に入り住民とともに、外からはあまりみえない地域資源（お宝）を発見し、資源を育み新たな課題にも対応できる資源として発展させたり、継続支援を行うことも重要な役割です。

これまでの暮らしの積み重ねがこれからの暮らしの根源

　日々の暮らしは、そこで暮らしている人が暮らし続けるために必要なことを選び、決断し、行動することの積み重ねを繰り返しています。住民は、自身の体調の変化や地域環境の変化などさまざまな要因に影響を受けながら地域で暮らし続けています。このような日々の暮らしにおける選択と決断、そして決断するための行為の意味づけは、当たり前すぎて意識されることなく行われています。この暮らしの積み重ねは、知恵と工夫、そして自然な形での住民同士のつながりや支え合いによって支えられています。

　このため、生活支援コーディネーターは、地域に入り住民とともに日々の暮らし見つめ直し、知恵と工夫、そして自然な形での住民同士のつながりや支え合いを意識化することから地域づくりがはじまります。これにより、意識化された暮

らしの一つひとつの行為にはやりがいや楽しみ、社会とのつながり、情報交換、友人づくり、介護予防、健康増進などたくさんの意味があることに気づかされます。日々の暮らしの行為を意識化して意味づけすることは、繰り返しているうちに住民自身でできるようになり、「どんなときでも自分らしく暮らし続けたい」という住民の願いがかなうことに近づいていきます。生活支援コーディネーターは、住民とともに暮らしの意識化と意味づけを繰り返し行い、住み続けたい地域づくりを目指すことが大切です。

　「生活支援体制整備事業は、展開過程が地域の実情に合わせた展開が求められているために、地域展開が難しい」という相談を受けることがあります。そこで、今回**第 4 章**で示したように展開過程を分解して説明し、それぞれの地域でアレンジできるような例示も示して、市町村と生活支援コーディネーターや協議体そして住民が本書を利用して協議と活動ができるように作成しました。

　地域に展開されているサービスや活動、知恵と工夫、そして自然な形での住民同士のつながりや支え合いをパッケージ化して、「どんなときでも自分らしく暮らし続けたい」という住民の願いを叶える地域をみんなでつくりましょう。

資料

暮らしの中にある支え合いや活動の意味づけ演習

第4章の4で取り上げた地域資源（お宝）の意味づけについて、下記の写真を見て、参加者の活動する意味を複数あげてください。

1 の回答の例

みんなで集まって体操をすることは、外出の機会があったり、出会いの場であったりするなど、複合的な効果がみられ、動機づけになります。支え合いにはその活動だけでなく、複合的な効果が期待できるのです。

2 の回答の例

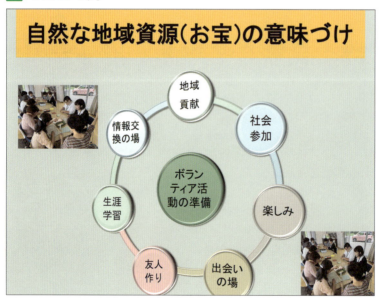

ボランティア活動は社会貢献という意味合いが強いですが、実際は参加することによって友人ができたり、情報が集まったり、知識が豊富になったりする等、参加する人にとっても大きな効果があります。

生活支援体制整備事業における支え合いとは

- 支え合いは、具体的に地域で起こってる困ったことをできるところから解決すること。

- 支え合いは、具体的に地域にいる困っている人をできるところから助けること。

この二つは福祉の原点であり地域包括ケアの基本

生活支援体制整備事業における支え合いを進めるには

- つながりを活かした解決や支援が大切
- できるところから試しにやってみることが大切
- 失敗を恐れず、失敗から学ぶことが大切
- 活動と同じぐらい協議（おしゃべり）も大切
- できないことは、行政や専門職と協働することが大切

支え合いは自分のためにもなる

健康になる
教養(今日用がある)と教育(今日行くところある)が豊富な暮らしができる
元気になる　　介護予防になる　　運動量が増える
　　　　認知症予防になる

さまざまな人や機関とのつながりが広がる
知人が増える　　　　知識豊富になる
　友人ができる　　　　　　　情報が入る

役割りのある暮らしが続けられる
社会貢献ができる　　　いくつになっても現役

つながりのある楽しく安全で安心できる暮らしが続けられる

	展開の方法	展開の目的
1	生活支援体制整備事業の検討	・事業の特性を踏まえ、暫定的に事業内容を定める
2	生活支援コーディネーターの委託と関係構築	・市町村と委託先における事業の理解と相互理解を深める
3	地域資源（お宝）の発見と発掘	・住民の暮らしを知る ・地域資源（お宝）を見つけ出す
4	地域資源（お宝）の意味づけ	・暮らしの中にある地域資源（お宝）のもつ意味を理解する ・見つけた地域資源（お宝）の意味づけをする（意識づけ）
5	協議体の開催準備と地域資源（お宝）の理解の共有	・協議の場の設置に向けた準備 ・協議体参加者全員が地域資源（お宝）の意味を理解する ・地域ニーズの把握や共有、地域情報の見える化
6	情報発信と広報活動	・住民や関係機関等と、事業の趣旨を共有
7	多種多様な普及啓発の推進	・発表会等を行い、活動やその意義を住民に周知（活動の見える化・見せる化）
8	地域づくりの活発化	・幅広い地域の関係者とのネットワークづくり
9	地域資源（お宝）への継続支援と、多種多様な地域資源（お宝）の開発	・地域資源（お宝）が継続できるよう必要に応じて支援する ・住民が自主的に地域課題に取り組めるよう支援する
10	報告書の作成・評価と事業の見直し	・各種報告書の作成と評価 ・地域の現状把握 ・次年度以降の方策の検討
11	次年度（以降）の計画立案と工程表の作成	・次年度（以降）の計画の立案と工程表の作成

展開の手段		
市町村	協議体	生活支援コーディネーター
・事業内容（計画）の検討		
・生活支援コーディネーターの委託 ・生活支援コーディネーターとの定期的な協議の場をつくる		・生活支援コーディネーターの受託 ・活動内容（計画）の検討 ・必要な研修の受講等 ・市町村との定期的な協議の場を作る（「3 地域資源（お宝）の発掘、開発」「8 ネットワーク構築」「9 ニーズとマッチング」にも関連）
・生活支援コーディネーターを後方支援する		・事前の調査を行う ・地域のもの知りさんなどを発掘する ・地域資源（お宝）の発見と発掘
・地域資源（お宝）のもつ意味を理解し、共有する		・地域資源（お宝）のもつ意味を理解する ・地域資源（お宝）を意味づける ・地域資源（お宝）の意味について市町村等と共有する
・協議体開催の準備 ・協議体活動の活発化のための後方支援	・地域づくりを共有するために複数回協議の場を開催 ※協議体の意義や地域資源（お宝）のもつ意味を理解 ・地域資源（お宝）やその意味、地域課題が共有	・協議体の意義を理解し、活動体として機能できるよう支援する ・協議体メンバーが参加したい協議体運営を行う
・庁内や関係機関に、事業趣旨等を説明 ・情報発信と広報活動の後方支援	・広報活動の素材提供やネットワークを使った情報発信	・事業趣旨や、自然な支え合いを育むための広報活動 ・情報発信の方法や広報活動の手段を複数活用（掲示物、広報誌等）
・普及啓発の意義を理解し、後方支援を行う	・普及啓発活動の推進母体として、発表会や冊子、広報誌への掲載等を行う	・普及啓発の機会（活動の発表会やマップ、冊子、広報誌への掲載）を複数回実施
・庁内連携を含む地域づくり推進のためのネットワーク形成	・協議体メンバーの地域ネットワークの重要性を認識 ・協議を重ね、地域のネットワークが広がるよう推進する ・他の分野で地域づくりを行う機関・団体等と協議の場をつくる ・エリア全体での活動についての継続支援を検討、推進	・地域のネットワークに個別の地域資源（お宝）が参加できるようはたらきかける ・必要に応じて行政や他の機関等、専門職と協働して地域の課題解決ができるつながりをつくる
・地域資源（お宝）が継続できるよう活性化のための後方支援を行う ・さらに、必要に応じて支援策を検討する ・多種多様な地域資源（お宝）の開発が進むよう後方支援を行う（必要なデータの提供等）	・多種多様な地域資源開発を推進する ・共有した地域課題を住民主体で解決するための取り組むきっかけをつくる	・活動を肯定的に評価し、活動・サービスの定着を促進 ・他団体の活動紹介や情報交換会を実施 ・後方支援ネットワークを有機的に機能させる ・意識化された支え合いが資源として課題解決に取り組むことができるよう支援する
・事業報告書の作成・評価 ・地域の現状把握と事業計画の進行管理 ・次年度以降の事業内容の検討	・報告書作成にかかわり、地域の現状を理解する ・次年度以降の活動内容の検討	・活動報告書の作成・評価 ・活動計画の進行管理 ・活動計画の展開の具体的方策を検討する
・次年度の事業計画・工程表の作成、事業計画に基づいた委託契約の見直し ・受託先が工程表が活用できるよう支援	・各種計画・工程表について協議体参加者で共有する	・次年度の活動計画・工程表の作成

資料

【執筆者および執筆分担】

柳　史生（やなぎ・ふみお）山形市福祉推進部長寿支援課長
　　はじめに・本書の使い方

志水田鶴子（しみず・たづこ）仙台白百合女子大学人間学部心理福祉学科 准教授
　　第4章1～9

大坂　純（おおさか・じゅん）東北こども福祉専門学院　副学院長
　　第1～3章、第4章10・11、5章

※生活支援体制整備事業に関する研修会のご相談等は、下記までご連絡ください。

```
東北こども福祉専門学院
副学院長
　大坂　純

〒983-0852　宮城県仙台市宮城野区榴岡5-11-1　仙台サンプラザ4F
TEL　022-292-3993　　FAX　022-292-3994
E-mail　junbookun@mac.com
```

どこでも誰でもできる 地域づくりハンドブック
―介護保険における生活支援体制整備事業のすすめ方―

2019年1月5日 発行

編　著	柳　史生・志水 田鶴子・大坂　純
発行者	荘村明彦
発行所	中央法規出版株式会社
	〒110-0016　東京都台東区台東3-29-1　中央法規ビル
	営　　業　TEL 03-3834-5817　FAX 03-3837-8037
	書店窓口　TEL 03-3834-5815　FAX 03-3837-8035
	編　　集　TEL 03-3834-5812　FAX 03-3837-8032
	https://www.chuohoki.co.jp/
装幀・本文デザイン 印刷・製本	株式会社ジャパンマテリアル

ISBN978-4-8058-5838-7

本書のコピー、スキャン、デジタル化等の無断複製は、著作権法上での例外を除き禁じられています。また、本書を代行業者等の第三者に依頼してコピー、スキャン、デジタル化することは、たとえ個人や家庭内での利用であっても著作権法違反です。

落丁本・乱丁本はお取り替えいたします。